Dieses Buch gehört:

....

....

Gute-Nacht-Geschichten

erzählt von TABALUGA

EDITION XXL

Inhalt

Die durstigen Margeriten 4

Der Wasserdieb 6

Piets Traum-Pony 8

Schneemann Karl feiert Weihnachten 10

Der Geburtstagskuchen 12

Der Sandmann kommt 14

Wo ist die Kokosnuss? 16

Der Mäuse-Geburtstag 18

Ente Ella lernt schwimmen 20

Urlaub auf dem Bauernhof 22

Tom und der Klabautermann 24

Der Heilige Martin 26

Das Nachtgespenst 28

Der erste Ausflug 30

Die Zahnfee 32

Elsas Schutzengel 34

Der Traum der kleinen Eule 36

Der Wettlauf 38

Die Schlangenbeschwörung 40

Der Drache Dagobert 42

Der mutige, kleine Schäfer 44

Freddy Fuchs und Gisela Gans 46

Die durstigen Margeriten

In einem kleinen Dorf im Wiesental wohnte die kleine Lea mit ihrem Bruder und ihren Eltern. Alle Häuser des Dorfes hatten kleine Gärten, in denen die schönsten Blumen wuchsen. Auch in Leas Garten blühte es in den leuchtendsten Farben. Lea liebte Blumen über alles und konnte sich gar nicht an ihnen sattsehen.

Eines Tages klingelte es an der Tür. Es war Herr Huber, der Nachbar. „Wir fahren in Urlaub und ich wollte fragen, ob Sie vielleicht unsere Blumen gießen könnten", sagte er zu Leas Mutter. „Kein Problem", antwortete sie und wünschte ihm eine gute Reise. „Ach ja", meinte Herr Huber noch, „die kleine Wiese hinterm Haus brauchen Sie nicht zu gießen. Da wächst doch nur Unkraut."

Am nächsten Morgen nahm Leas Mutter die große Gießkanne und ging zum Garten des Nachbarn. „Ich helfe dir!", rief Lea und schnappte ihr kleines Gießkännchen. Gemeinsam gossen sie die Blumen. Es war eine Freude, zu sehen, wie bunt sie blühten! Dann lief Lea zur Wiese hinter dem Haus. Dort wuchsen nur ein paar kleine weiße Margeriten. Aber es gab viele Bienen, die sich hier ihre Nahrung suchten.

„Für das Unkraut müssen wir kein Wasser verschwenden!", rief Leas Mutter ihr zu. Doch Lea taten die kleinen weißen Blümchen leid. Sie waren zwar nicht so bunt wie die anderen Blumen, aber sie fand sie trotzdem sehr schön. Lea beschloss, dass man sie genauso gießen müsse, holte ihre kleine Gießkanne und goss die Wiese.

Von nun an begleitete sie ihre Mutter jeden Tag zu dem Nachbarn und während ihre Mutter die bunten Blumen goss, versorgte Lea die Margeritenwiese mit Wasser. Die weißen Blütenköpfe der Margeriten streckten sich von Tag zu Tag weiter in die Höhe. Und schon nach einer Woche war aus der Wiese ein wunderbares Margeritenfeld geworden.

Zwei Wochen später klingelte es wieder an der Tür. Lea öffnete und draußen stand Herr Huber. „Für dich", sagte er und überreichte Lea ein Päckchen. „Du hast mir gezeigt, dass auch aus unscheinbaren Pflänzchen etwas Wunderschönes werden kann." Dann fügte er etwas beschämt hinzu: „Wenn man sich darum kümmert." Lea strahlte über das ganze Gesicht: „Meine Lieblingsschokolade!"

„Wenn du die kleinen Dinge
gut behandelst,
kann auch aus ihnen etwas
Großartiges werden.“

Der Wasserdieb

In einem fernen Land lebten viele Tiere zusammen. Sie waren sehr unterschiedlich, aber egal ob groß oder klein, sie achteten sich gegenseitig. Und wenn einer von ihnen in Not war, halfen sie ihm so gut sie nur konnten.

Es war ein sehr heißer Sommer und es hatte lange nicht mehr geregnet. Zum Glück floss durch den Dschungel ein kleiner Fluss. Hierher kamen alle Tiere, um ihren Durst zu stillen: der Affe, der Löwe, der Papagei, der Bär, die Maus und das Krokodil – aber das lebte ja sowieso im Wasser.

Eines Tages erlebten die Tiere eine schlimme Überraschung: Der Fluss war leer! Die Tiere schauten sich ratlos an. Woher sollten sie denn jetzt das Wasser nehmen, ohne das sie nicht überleben konnten? „Wir werden verdursten!“, jammerte die Maus.

Da kam der Papagei von einem Ausflug in die Steppe zurück. Als er hörte, was passiert war, sagte er: „Ich glaube, ich weiß, wo das Wasser geblieben ist.“ Alle sahen ihn erstaunt an. „In der Steppe habe ich einen Teich gesehen, dort, wo normalerweise keiner ist“, erzählte der Papagei. „Die Elefanten haben vergnügt darin gebadet.“

„Aber wie soll das Wasser denn dorthin gekommen sein?“, fragte das Krokodil. „Kommt mit, wir fragen die Elefanten!“, rief der Papagei und die Tiere folgten ihm bis zur Steppe.

Und tatsächlich: An einem großen Wasserloch stand eine Herde Elefanten. Sie waren quietschvergnügt und bespritzten sich mit Wasser!

„He!“, rief der Affe ihnen zu. „Wo habt ihr das Wasser her?“ Einer der Elefanten drehte sich um und spritzte eine Ladung Wasser auf den Affen. Dann sagte er: „Aus dem Fluss drüben im Dschungel. Wir haben es in unseren Rüsseln hierher gebracht, damit unser Wasserloch wieder gefüllt ist.“ Als die Tiere ihm erklärten, dass sie das Wasser dringend bräuchten, um nicht zu verdursten, wurden die Elefanten ganz still. Daran hatten sie gar nicht gedacht in ihrem Übermut!

„Ich habe einen Vorschlag“, sagte das Krokodil. „Ihr bringt die Hälfte des Wassers wieder zurück. Dann haben wir genug zu trinken und ihr auch.“ Was für eine gute Idee! Sofort begannen die Elefanten, ihre Rüssel vollzusaugen und dann gingen sie mit den anderen Tieren zurück zum Fluss. Langsam begann sich das trockene Flussbett wieder mit Wasser zu füllen. Nun waren alle wieder zufrieden – aber ganz besonders glücklich war das Krokodil: Es sang sogar vor Freude!

„Wer mit anderen teilt, hat stets doppelte Freude!“

Piets Traum-Pony

Piet hatte einen Traum: Er wollte ein Pony! Ein Pony für sich ganz alleine, ein Pony, das ihn überallhin begleiten würde, ein Pony zum Reiten und zum Liebhaben … Kurz: Er wünschte sich nichts auf der Welt sehnlicher als ein Pony!

Aber Piet wohnte mit seinen Eltern in der großen Stadt. Dort war kein Platz für ein Pony und es hätte sich dort auch nicht wohlgefühlt. Trotzdem bettelte er immer wieder: „Ich hätte so gerne ein Pony! Es kann auch ein winzig kleines sein …“ Piets Eltern hatten ihm schon einige Spielzeugponys geschenkt und sogar ein ganz großes Schaukelpony mit Fellbezug. Aber das wollte Piet alles nicht – er wollte nur … na, ihr wisst schon!

Eines Tages hatte Piet wieder einmal vorm Einschlafen sein Ponybuch durchgeblättert. Auf einmal klopfte etwas an sein Fenster. Piet stand auf und sah nach. Draußen flatterte ein kleiner Vogel aufgeregt hin und her. „Komm mit!“, rief er Piet zu. „Ich habe eine Überraschung für dich!“ Piet wunderte sich, dass der Vogel sprechen konnte, aber dann kletterte er aus dem Fenster und lief hinter ihm her.

Sie liefen immer weiter aus der Stadt hinaus, bis sie auf eine große Wiese kamen. Und über die Wiese sprang ein wunderschönes Pony! Freudig wiehernd lief es auf Piet zu. Da stand auch ein Korb mit Äpfeln und Karotten und Piet hielt dem Pony einen Apfel hin. Es blieb stehen und knabberte an dem Apfel.

Piet konnte sein Glück nicht fassen. Vorsichtig strich er dem Pony über die dunkle Mähne … und zuckte zusammen! Rumms! Piets Mutter hatte mit einem Ruck die Rollläden hochgezogen. Piet sah sich um: Wo war das Pony? Enttäuscht stellte er fest, dass alles nur ein Traum gewesen war …

Da sagte seine Mutter: „Beeil dich, du kleine Schlafmütze, wir müssen los.“ Leise fragte Piet: „Wohin denn?“ Seine Mutter lachte: „Hast du das denn vergessen? Wir fahren heute in Urlaub – auf den Ponyhof!“

Mit einem Satz sprang Piet aus dem Bett: „Yipiie!“ Jetzt wurde sein Traum doch noch wahr – auch wenn er kein eigenes Pony hatte, eine Woche auf dem Ponyhof war fast genauso gut!

„Halte an deinen Träumen fest, denn sie sind der erste Schritt zum Glück."

„Manchmal reicht ein wenig Aufmerksamkeit, um jemanden glücklich zu machen.“

Schneemann Karl feiert Weihnachten

In der Nacht vor dem Heiligen Abend hatte es geschneit. Als die Kinder am Morgen aus dem Fenster sahen, sah es aus, als sei die Welt in weiße Watte gepackt. „Juhuu!“, riefen die Kinder. „Wir bauen einen Schneemann!“ Und schon liefen sie hinaus. Ihre Mutter hatte nichts dagegen, denn sie war mit den Vorbereitungen für den Heiligen Abend beschäftigt.

Schon bald hatten die Kinder einen großen Schneemann gebaut. „Wir nennen ihn Karl“, schlug das jüngste Kind vor. Sie holten für Karl eine grüne Mütze und einen roten Schal. Schließlich war es kalt im Wald und er sollte sich nicht erkälten.

Dann war es Zeit, nach Hause zu gehen. Sie freuten sich schon auf das leckere Weihnachtsessen, die Plätzchen – und natürlich auf die Bescherung!

Allmählich wurde es dunkel. Im Wald war es still. Überall wurde jetzt Weihnachten gefeiert. Nur Karl stand einsam und verlassen am Waldrand. Wenn er doch in einem Garten gebaut worden wäre! Dann hätte er vielleicht einen Blick in die hellerleuchtete Stube werfen können. Und vielleicht hätte ihn jemand beachtet oder sogar bewundert.

Karl war so in seine Gedanken versunken, dass er gar nicht bemerkte, dass es um ihn herum hell wurde. Plötzlich stand ein wunderschöner Engel vor ihm und sagte: „Frohe Weihnachten, Karl!“ Es war das Christkind! Nachdem es allen Kindern im Dorf Geschenke gebracht hatte, war es in den Wald gekommen, um mit dem Schneemann Weihnachten zu feiern.

Das Christkind und der Schneemann saßen die ganze Nacht zusammen und erzählten sich Geschichten. Und als die Kinder am nächsten Tag in den Wald kamen, um nach dem Schneemann zu sehen, wunderten sie sich sehr: Der Schneemann hatte ein großes Lächeln im Gesicht!

Der Geburtstagskuchen

Max, Marie und Laura hatten sich am Nachmittag zum Spielen verabredet. Marie hatte zum Geburtstag ein Säckchen mit wunderschönen glänzenden Murmeln geschenkt bekommen. Jetzt wollten sie zusammen im Garten Murmeln spielen.

Als Max kam, war er schlecht gelaunt. „Was ist denn mit dir los?“, fragte Laura. Max warf seinen Rucksack in die Ecke und maulte: „Meine Mutter hat morgen Geburtstag und ich habe keine Ahnung, was ich ihr schenken soll.“ Sofort fingen Marie und Laura an, Vorschläge zu machen. „Schenk ihr doch eine Murmel … oder ein Stück Seife … oder mal ein Bild …“ Max verdrehte die Augen: „Meine Mutter spielt doch nicht mit Murmeln … Seife hat sie selber … und malen kann ich nicht!“

Marie dachte nach – und plötzlich rief sie: „Ich hab’s! Back’ ihr einen Kuchen!“ Wieder verdrehte Max die Augen: „Wie denn? Ich kann auch nicht backen …“ Da sagte Laura: „Kein Problem! Wir helfen dir. Kommt, wir fangen gleich an, Murmeln spielen können wir auch morgen!“

Laura ging in die Küche und holte das dicke Backbuch. „Den tollen Himbeerkuchen habe ich schon mal mit meiner Mutter gebacken. Geht ganz einfach!“ Dann suchten sie alle Zutaten zusammen und schon ging's los. Max war jetzt gar nicht mehr schlecht gelaunt. Es machte Spaß, die Eier aufzuschlagen und den Teig zu rühren. Dabei ging zwar leider ein bisschen daneben, aber das konnte man ja wieder wegwischen.

Nach einer Stunde war der Kuchen fertig: Er sah wirklich toll aus! „Da wird sich meine Mutter freuen!“, rief Max begeistert. Er war ein bisschen stolz darauf, dass sie es geschafft hatten, so einen schönen Kuchen zu backen. „Nur schade, dass wir den Kuchen nicht probieren können,“ meinte Marie. Max grinste: „Kommt doch einfach morgen zum Kaffeetrinken. Meine Mutter freut sich bestimmt – und außerdem war es ja auch eure Idee!“

„Etwas Selbstgemachtes
ist immer ein gutes Geschenk –
weil es von Herzen kommt.“

Der Sandmann kommt

„Mama“, fragte Robin eines Abends, „woher kommen eigentlich die Träume?“ Mama strich Robin übers Haar und antwortete: „Die bringt der Sandmann, indem er seinen Zaubersand über dich streut. Was du dir morgens aus den Augen reibst, ist der Rest des Sandes.“ Dann gab sie ihm einen Gute-Nacht-Kuss und ging hinaus.

Robin lag noch lange wach und dachte über den Sandmann nach. Wie er wohl aussah? Robin beschloss, so lange wach zu bleiben, bis der Sandmann kommt. Und dann würde er ihn fragen, ob er sich einen Traum wünschen dürfe. In einem echten Feuerwehrauto zu fahren zum Beispiel, das wollte er schon immer mal tun. Oder in einer Rakete zum Mond zu fliegen. Oder in einem Riesenrad zu fahren und die Welt von oben zu sehen. Es gab so vieles, was Robin gerne träumen würde!

Doch allmählich wurde Robin müde. Er versuchte, wach zu bleiben, indem er die Augen ganz weit aufriss. Aber es half alles nichts: Irgendwann schlief er einfach ein. In dieser Nacht träumte er tatsächlich, er sei ein echter Feuerwehrmann. Es brannte und er musste mit seinem großen knallroten Feuerwehrauto zur Hilfe eilen. Dann löschte er das Feuer und alle jubelten ihm zu.

Als Robin am Morgen aufwachte, fiel ihm sofort der Traum wieder ein. Es war ein sehr schöner Traum gewesen! Doch den Sandmann hatte er leider nicht gesehen. Ob er wohl dagewesen ist? Robin stieg aus dem Bett und ging zum Fenster. Aber was war das? Auf der Fensterbank lagen ein paar winzige Sandkörnchen – sie glitzerten!

„Vertraue auf das,
was du träumst,
dann siehst du es auch."

Wo ist die Kokosnuss?

Im Affenwald herrschte Aufruhr! Es gab einen Kokosnuss-Dieb! Seit Tagen verschwanden die Kokosnüsse von den Palmen, sobald sie reif waren. Und was gab es Besseres als eine frische, reife Kokosnuss? Außerdem sollte am Wochenende das Jahrestreffen der Dschungelaffen stattfinden. Ein Festessen ohne Kokosmilch war einfach undenkbar!

Also wurde der Rat der Affen zusammengerufen: Die drei ältesten und schlausten Affen berieten, wie sie dem Dieb auf die Schliche kommen könnten. „Wir könnten die Kokosnüsse mit Klebstoff einreiben“, schlug der Erste vor. „Dann bleibt der Dieb daran kleben.“ Das war keine gute Idee, denn sie hatten gar keinen Klebstoff. „Wir könnten Glöckchen daran binden“, schlug der Zweite vor. „Dann hören wir den Dieb.“ Das war auch keine gute Idee, denn sie hatten gar keine Glöckchen. Da schlug der Dritte vor: „Wir könnten uns auf die Lauer legen und den Dieb auf frischer Tat ertappen.“ Das war endlich einmal eine gute Idee!

Schon am nächsten Tag suchten die drei Affen eine Palme, auf der eine Kokosnuss hing, die gerade reif war. Zwei von ihnen versteckten sich im Gebüsch und warteten. Der dritte Affe wollte lieber angeln gehen.

„Wir brauchen noch ein paar Fische für das Festessen“, sagte er, schnappte sich seine Angel und ging zum Fluss. Es dauerte gar nicht lange, da hörten die beiden Affen ein Geräusch. Dann sahen sie, wie ein kleines Äffchen flink den Palmenstamm hinauf kletterte. Es rüttelte an der Kokosnuss, nahm sie in beide Hände und kletterte gerade wieder hinab … als die beiden großen Affen aus ihrem Versteck sprangen.

„Du bist also der Kokosnuss-Dieb!“, riefen sie und wollten ihn festhalten. Aber der kleine Affe rannte schnell zwischen den beiden durch. Fast wäre er entwischt, doch dann stolperte er, die Kokosnuss fiel ihm aus der Hand und rollte direkt in den Fluss! Der kleine Affe sah ihr fassungslos nach – und begann fürchterlich zu weinen.

„Warum weinst du denn?“, fragten die Affen. Der kleine Affe schluchzte immer mehr: „Meine Mama ist sehr krank. Und der Arzt hat gesagt, dass Kokosmilch sie heilen kann. Deshalb habe ich die Kokosnüsse gestohlen. Jetzt liegt die Nuss im Fluss und meine Mama wird nicht gesund!“

„Manche Dinge sind weniger schlimm, wenn sie einem guten Zweck dienen."

Die drei Affen sahen sich an. „Was meint ihr", sagte der Erste zu den beiden anderen, „ich glaube, unser Jahrestreffen kann auch stattfinden, wenn es statt Kokosmilch Wasser gibt, oder?" Sie waren sich schnell einig: Der kleine Affe durfte nun so lange Kokosnüsse holen, bis seine Mutter wieder gesund war – und musste sie nie wieder stehlen.

Der Mäuse-Geburtstag

Familie Maus lebte in einem großen Haus. Sie fühlten sich dort sehr wohl, denn die Besitzer waren Leute, die Freude am Essen hatten. Deshalb gab es in der Küche immer etwas zum Naschen. Natürlich war Familie Maus nicht gern gesehen bei den Besitzern. Sie stellten an mehreren Orten Mausefallen auf, aber die Mäuse waren schlau genug, um nicht hineinzugehen.

An einem schönen Sommertag hatte Klara Maus, die jüngste Tochter der Mäusefamilie, Geburtstag. Ihre Geschwister wollten eine Party für sie veranstalten und schmückten das ganze Mäuseloch mit allem, was sie nur finden konnten: kleine Papierschnipsel, Kronkorken, Kaugummipapier und noch vieles mehr. Am Ende sah es sehr schön aus. „Jetzt brauchen wir aber noch eine Geburtstagstorte", sagte Mama Maus.

„Ein Stück von der Torte kann genauso glücklich machen wie eine ganze Torte."

Da rief Klaus, der älteste Mäusesohn: „Ich weiß, wo es eine gibt! Im Esszimmer ist der Tisch gedeckt und darauf steht eine riesige Torte!" Sofort machten sie sich auf den Weg – und tatsächlich: Auf dem Tisch stand eine wunderschöne Geburtstagstorte! „Los, Leute", befahl Klaus, „packt alle mit an!"

Die Torte wackelte bedenklich, aber mit vereinten Kräften schaffte es Familie Maus tatsächlich, sie bis vor das Mauseloch zu tragen. Doch das Mauseloch war viel zu klein für die Torte, sie passte einfach nicht hindurch. Es blieb ihnen nichts anderes übrig, als die Torte wieder zurückzubringen! „Vielleicht bleiben wenigstens ein paar Krümel für uns liegen", sagte Klaus hoffnungsvoll.

Am Nachmittag schlichen die Mäuse vorsichtig in das Esszimmer. Dort feierten die Besitzer gerade den Geburtstag ihrer Tochter. Sie hatte tatsächlich am gleichen Tag Geburtstag wie Klara! Die Tochter rief: „Meine Lieblingstorte!", und strahlte über das ganze Gesicht.

Am Abend schlichen die Mäuseeltern erneut herbei. Voller Freude sahen sie, dass noch ein großes Stück übriggeblieben war. Es war gerade so groß, dass es durch das Mauseloch passte! Schnell trugen sie es in ihre Höhle, wo Klara und ihre Geschwister bereits warteten. Als sich alle satt gegessen hatten, sagte Opa Maus: „Jetzt sind alle Geburtstagskinder zufrieden – das Menschenkind und das Mäusekind. Es war doch gut, dass die ganze Torte nicht durch das Loch gepasst hat." „Ja, sonst hätten wir uns am Ende noch den Magen verdorben!", rief Klara und alle mussten lachen.

Ente Ella lernt schwimmen

„Heute Nachmittag Schwimmkurs für Anfänger am großen Ententeich" stand auf einem großen Schild neben dem Bauernhof. „Da gehen wir hin", sagte Mama Ente zu der kleinen Ella, „damit du endlich richtig schwimmen lernst."

Obwohl die kleine Ella wie alle Enten ein Wasservogel war, hatte sie Angst vor dem Wasser. Alle anderen Entenküken tummelten sich vergnügt auf dem kleinen Teich, nur Ella stand am Rand und schaute zu. „Du bist gar keine richtige Ente!", riefen ihr die anderen Küken zu. „Du bist eigentlich ein Hase – ein Angsthase!"

Und dann kringelten sie sich vor Lachen. Darüber war Ella sehr unglücklich. Wie gerne hätte sie mit den anderen gespielt! Sie wünschte sich nichts sehnlicher, als ein ganz normales Entenküken zu sein – wie alle anderen auch!

Deshalb freute sich Ella sehr auf den Schwimmkurs. Sie nahm den schönen Schwimmring, den Mama Ente ihr gekauft hatte, und dann watschelten sie los zum großen Ententeich. Dort wartete schon der Schwimmlehrer, der Erpel Erich, auf sie. Erich hatte seine kleine Tochter, Ente Emmi, mitgebracht.

„Oje", dachte Ella, „Emmi macht sich sicher auch über mich lustig, weil ich noch nicht schwimmen kann."

Aber da sagte Erpel Erich: „Du brauchst keine Angst zu haben, Ella. Emmi kann auch noch nicht richtig schwimmen. Und zu zweit macht das Schwimmenlernen mehr Spaß."

Misstrauisch sah Ella zu Emmi hinüber. Emmi hatte auch einen Schwimmring dabei. Der war noch größer als Ellas und mit schönen roten Sternen bedruckt. Emmi winkte ihr fröhlich zu und rief: „Los, komm! Wir schaffen das schon! Mein Papa hat bisher allen Küken das Schwimmen beigebracht."

Da nahm Ella all ihren Mut zusammen und ging mit ihrem Schwimmring um den Bauch ins Wasser. Schon bald planschten Ella und Emmi gemeinsam im Teich. Sie trauten sich zwar noch nicht alleine auf den See, aber sie gewöhnten sich immer mehr ans Wasser. Zusammen hatten sie weniger Angst und so kam es, dass sie es am Ende des Schwimmkurses tatsächlich geschafft hatten: Sie konnten schwimmen!

Ente Ella war glücklich. Jetzt würden die anderen Küken sie nicht mehr hänseln. Und nicht nur das: Sie hatte auch eine Freundin gefunden!

„Gemeinsam ist man stärker
und schafft vieles besser
als alleine.“

Urlaub auf dem Bauernhof

Bauer Haferstroh lebte auf einem großen Bauernhof mit vielen Tieren. Hier gab es Kühe, Hühner, Gänse, Schafe, Schweine, Hasen, einen Hund und eine Katze. Der Bauer arbeitete von früh bis spät: Er fütterte die Tiere, machte Heu, erntete das Obst und reinigte die Ställe. Das alles tat er gerne, denn er liebte seine Tiere.

Aber trotzdem war es irgendwann zu viel: Bauer Haferstroh brauchte dringend Urlaub! Aber wer sollte sich um den Hof und die Tiere kümmern? Die Bauern in der Nachbarschaft hatten mit ihrem eigenen Hof genug zu tun.

An diesem Abend klingelte plötzlich das Telefon. Es war Bauer Haferstrohs alter Schulfreund, Siegfried Semmelkorn. Sie hatten lange nicht mehr telefoniert und es gab viel zu erzählen. Siegfried war inzwischen in Rente und hatte nicht viel zu tun. Als er hörte, dass Bauer Haferstroh keine Zeit für Urlaub hatte, rief er begeistert: „Weißt du was? Ich vertrete dich auf dem Hof!“

Bauer Haferstroh wollte zuerst nicht, aber dann ließ er sich von seinem Freund überreden. Schon zwei Tage später stand Siegfried auf dem Hof. Er hatte sich extra eine Latzhose und einen Strohhut gekauft. „Du sollst mich vertreten und nicht unsere Vogelscheuche!“, sagte Bauer Haferstroh und konnte sich das Lachen kaum verkneifen. Er erklärte Siegfried alles, was er wissen musste, und dann konnte er endlich in Urlaub fahren.

Als er nach einer Woche gut erholt zurückkam, war er erstaunt, wie gut Siegfried ihn vertreten hatte. Die Tiere waren fröhlich und gesund, das Heu war eingeholt und die Äpfel waren geerntet. „Danke, Siegfried“, sagte Bauer Haferstroh. „Ohne dich hätte ich niemals Urlaub machen können.“ Siegfried lachte: „Und ich hätte ohne dich niemals so einen tollen Urlaub auf dem Bauernhof gehabt! Du kannst gerne öfter in Urlaub fahren!“

„Freunde sind dafür da,
um sich gegenseitig zu helfen."

Tom und der Klabautermann

Wenn Tom bei Oma zu Besuch war, erzählten sie sich immer gegenseitig Geschichten. Manchmal übertrieb Tom etwas mit seinen Geschichten und dann sagte Oma: „Papperlapapp! Das kannst du dem Klabautermann erzählen!"

Eines Tages fragte Tom: „Oma, was ist eigentlich ein Klabautermann?" Als er hörte, dass der Klabautermann ein Wassergeist sei und den Seeleuten böse Streiche spiele, wurde ihm bange. Toms Papa war nämlich Fischer und musste jeden Tag mit dem Schiff aufs Meer hinaus. Oma beruhigte ihn: „Du musst dir keine Sorgen machen. Das ist doch nur eine Geschichte, die die Seeleute sich erzählen!"

Aber Tom ging der Klabautermann nicht aus dem Kopf. Er beschloss, selbst aufs Meer hinauszufahren, um ihn zu suchen. Am nächsten Morgen steckte Tom etwas Brot als Proviant in seine Hosentasche, ging zum Strand und stieg in Omas Ruderboot. Er hatte sogar eine Kapitänsuniform angezogen, um den Klabautermann zu beeindrucken.

Tom war schon eine ganze Weile gerudert, als er plötzlich etwas entdeckte, das sich immer auf und ab bewegte. Er nahm sein Fernglas – und sah einen großen Fisch, der aus dem Wasser sprang. Als Tom näher kam, rief der Fisch: „Fütter mich, ich habe Hunger!" Da gab er ihm die Hälfte seines Brotes. Tom ruderte weiter und plötzlich setzte sich eine Möwe auf seine Schulter. Sie rief: „Fütter mich, ich habe Hunger!" Tom hielt ihr die andere Brothälfte hin und sie fraß sie gierig auf.

Inzwischen war es spät geworden und Tom hatte immer noch nicht den Klabautermann getroffen. Er war hungrig und müde, deshalb beschloss er, zurückzufahren. Aber er war so weit aufs Meer gefahren, dass er das Ufer nicht mehr sehen konnte. Wie sollte er nun nach Hause finden?

Tom war ein tapferer Junge, aber nun rollten ihm dicke Tränen über das Gesicht. Auf einmal hörte er neben sich ein Plätschern und eine tiefe Stimme sagte: „Nicht weinen! Ich werde dir helfen, denn du hast auch meinen Freunden, dem Fisch und der Möwe, geholfen." Erschrocken blickte Tom auf das Wasser, aber er konnte niemanden sehen. Stattdessen spürte er, wie eine starke Strömung ihn zum Land hin trieb. Er war gerettet!

Schnell rannte Tom zu Oma, die sich schon Sorgen gemacht hatte. „Oma, der Klabautermann ist gar nicht böse, er mich sogar gerettet!", rief er aufgeregt und dann erzählte er, was passiert war. Aber Oma schüttelte nur den Kopf und sagte: „Papperlapapp! Das kannst du dem Klabautermann erzählen!"

„Wer anderen hilft,
dem wird auch geholfen."

Der Heilige Martin

Im Kindergarten wurden Laternen gebastelt. Morgen war Martinstag und alle freuten sich auf den Laternenumzug. Dann leuchteten die bunten Laternen in der Dunkelheit und es gab Kakao und Brezeln.

Die Kinder zeigten die fertigen Laternen stolz der Erzieherin Elsa. „Sehr schön“, lobte sie. „Und jetzt erzähle ich euch etwas über den Heiligen Martin, damit ihr wisst, warum wir morgen feiern.“ Sofort waren die Kinder mucksmäuschenstill, denn Geschichten hörten sie gerne.

„Also“, begann Elsa, „das war so: Martin war ein römischer Soldat, der bei seinen Kameraden sehr beliebt war. Denn er war sehr gütig und freundlich. An einem bitterkalten Wintertag ritt er gerade auf das Stadttor zu, als er einen armen Bettler sah. Er trug fast keine Kleidung und bat um Hilfe. Aber niemand wollte ihm helfen. Martin trug nur ein Schwert und seinen Soldatenumhang bei sich. Er hatte jedoch Mitleid mit dem Bettler, deshalb nahm er sein Schwert und teilte seinen Umhang in zwei Hälften. Eine davon gab er dem Bettler und rettete ihm so das Leben. Wegen dieser guten Tat wird er noch heute als Heiliger verehrt.“

„Es kommt nicht auf die Größe eines Geschenkes an, sondern auf seine Bedeutung."

Die Kinder hörten immer noch gebannt zu. Dann erzählte Elsa weiter: „Als Martin starb, wurden ihm zu Ehren viele Lichter angezündet. Deshalb gibt es noch heute den Laternenumzug."

Am nächsten Tag war es endlich soweit: Als es dunkel wurde, zündeten die Kinder ihre Laternen an und liefen damit durch das ganze Dorf. Sie sangen das Laternenlied und dachten dabei an den Heiligen Martin. Sie waren sehr stolz auf seine gute Tat – und auf ihre selbstgebastelten Laternen!

Das Nachtgespenst

Der kleine Ritter Hans lebte mit seinen Eltern auf einer mächtigen Burg, der Burg Hohenstein. Sein sehnlichster Wunsch war es, einmal ein tapferer Ritter zu werden.

Eines Tages hatte Hans seinen Freund auf der Nachbarburg besucht. Sie hatten so lange Bogenschießen geübt, bis es schon fast dunkel war. Schnell ritt Hans nach Hause, denn seine Eltern machten sich sicher schon Sorgen. Als er am Burgturm vorbeiritt, hörte er ein Geräusch: „Buhuu!“ Richtig gruselig klang das! Was das wohl war?

Der kleine Ritter band sein Pferd fest, ging zum Burgturm und öffnete die schwere Tür. Er stieg die knarrende Treppe hinauf und betrat das Burgzimmer. Hier standen rostige Ritterrüstungen und alte Kisten, die voller Spinnweben waren. Vorsichtig hob Hans den Deckel. Wumm! Krach! Da gab es auf einmal einen fürchterlichen Lärm!

Schnell rannte der kleine Ritter hinaus und sah mitten auf der Treppe eine Ritterrüstung liegen. Plötzlich klappte das Visier auf – und heraus kam ein kleines Gespenst! Hans erschrak, aber das Gespenst sagte freundlich: „Hallo, ich bin Nathan, das Nachtgespenst! Tut mir leid, dass ich die Rüstung kaputt gemacht habe. Verrate mich bitte nicht.“

Hans versprach es. Dann erzählte das Gespenst, dass es todlangweilig sei, so alleine in einer Burg zu spuken. „Komm mich doch morgen wieder besuchen“, schlug es vor, „dann berichte ich dir, was ich hier in den letzten 500 Jahren erlebt habe.“ Was für eine gute Idee! Endlich würde Hans alles über seine Vorfahren erfahren!

Als der kleine Ritter später im Bett lag, freute er sich schon auf den nächsten Abend. So einen ungewöhnlichen Freund hatte schließlich nicht jeder!

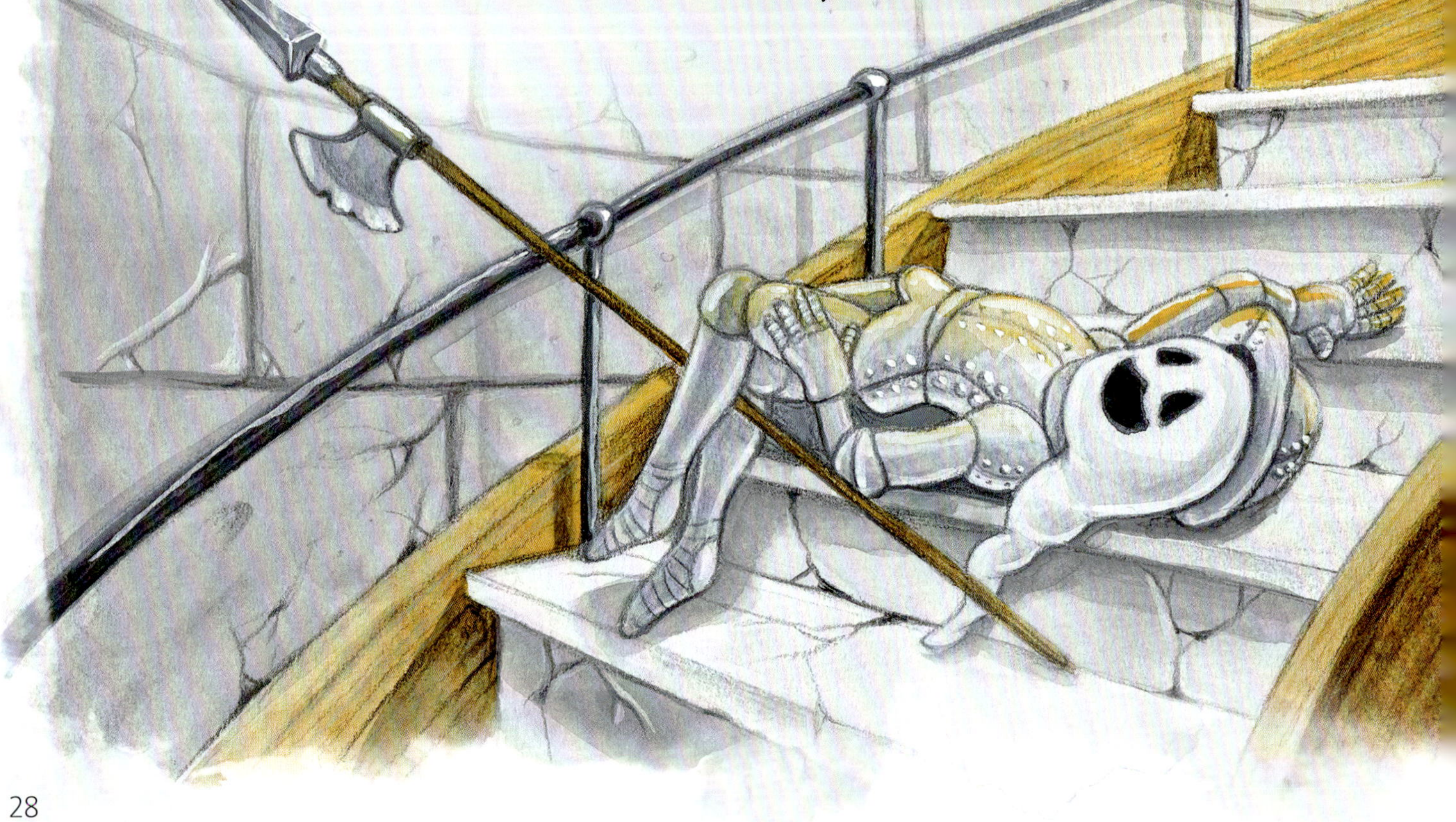

„Manchmal findet man einen Freund, wenn man gar nicht damit rechnet."

Der erste Ausflug

Auf dem Hof von Bauer Sensemann gab es Nachwuchs: Die Hündin Hilda hatte vier Welpen bekommen. In den ersten Wochen waren die Kleinen noch völlig hilflos. Hilda versorgte sie liebevoll und passte auf, dass ihnen nichts passierte.

Dann kam endlich der große Tag, an dem die Welpen zum ersten Mal die Hundehütte verlassen durften. Auf ihren kleinen Pfoten tapsten sie noch ganz wackelig über die Wiese. „Bleibt zusammen und geht nicht zu weit weg!“, rief Mama Hilda ihnen nach. Die vier Geschwister schnupperten an allem, lugten hier um eine Ecke und krochen dort unter einen Busch. Was es hier alles zu entdecken gab und wie aufregend die Welt war!

„Wenn man gut behütet ist, kann man sich etwas zutrauen.“

Schon bald wurden sie müde und alle kehrten zur Hundehütte zurück. Alle? Da fehlte doch einer! Wo war denn Welpe Willi? Willi war am Bauernhaus ein köstlicher Duft in die Nase gestiegen. Er ging dem Geruch nach und eh er sich versah, stand er in der Küche der Bäuerin. Sie war gerade dabei, einen saftigen Braten zu schneiden.

„Na, wo kommst du denn her?“, fragte sie freundlich und gab ihm ein kleines Stückchen Fleisch. Willi schnupperte daran und biss vorsichtig ein bisschen ab, denn er kannte bis jetzt ja nur die Muttermilch. Es schmeckte köstlich!

Plötzlich kam Hündin Hilda aufgeregt bellend herbeigerannt. Endlich hatte sie ihr Junges gefunden. „Willi, du Ausreißer! Wir haben dich überall gesucht!“ Dann packte sie ihn am Nacken und trug ihn zurück in die Hütte. Dort warteten schon seine Geschwister auf ihn. „So, jetzt wird aber geschlafen!“, sagte Mama bestimmt.

Die Welpen waren nach ihrem ersten Ausflug so müde, dass sie ruckzuck einschliefen. Sie träumten davon, was sie heute alles gesehen hatten – und Willi träumte von einem großen Stück Braten!

Die Zahnfee

„Mama, schau mal, ich habe einen Zahn verloren!“, rief Lisa. Seit Tagen schon wackelte ihr rechter oberer Schneidezahn. Jetzt war er beim Zähneputzen herausgefallen. Zähneputzen konnte Lisa sowieso noch nie leiden! „Wenn du ihn heute Nacht unter dein Kopfkissen legst, kommt vielleicht die Zahnfee und nimmt ihn mit“, sagte Lisas Mutter. Am Abend legte Lisa den Zahn vorsichtig unter ihr Kopfkissen und wartete. Sie wollte wach bleiben und die Zahnfee sehen!

Doch Lisa war so müde, dass sie ihre Augen nicht mehr aufhalten konnte. Sofort fiel sie in einen tiefen Schlaf. Nicht lange danach schob sich eine kleine Gestalt durch den Spalt am Fenster, das Lisa extra ein Stück offen gelassen hatte. Das kleine Wesen hatte blonde Haare und Flügelchen auf dem Rücken. Es war eine Fee! Leise flatterte die Zahnfee an Lisas Bett und hob das Kopfkissen ganz vorsichtig ein kleines Stück hoch.

Behutsam nahm die Fee Lisas Zahn und steckte ihn in einen kleinen Beutel. Dann zog sie eine Münze hervor und legte sie an die Stelle, an der eben noch der Zahn gelegen hatte. Einen Brief schrieb sie auch noch schnell und legte ihn dazu, bevor sie wieder hinausflog.

Als Lisa am nächsten Morgen aufwachte, brauchte sie eine Weile, bis ihr wieder einfiel, dass sie ja auf die Zahnfee gewartet hatte. Doch dann hob sie schnell ihr Kissen hoch. Und was lag da, wo sie eigentlich ihren Zahn erwartet hatte? Eine Münze und ein kleiner Zettel! Aufgeregt brachte Lisa den Zettel zu ihrer Mutter. „Mama, kannst du mir vorlesen, was auf dem Zettel steht?“, bat sie ihre Mutter. Mama zog Lisa auf ihren Schoß und begann laut zu lesen: „Liebe Lisa, gerade habe ich deinen ersten Milchzahn geholt. Ich bin stolz auf dich, denn der Zahn ist schön sauber. Du putzt dir bestimmt jeden Tag die Zähne. Weiter so! Vielleicht komme ich dich dann bei deinem nächsten verlorenen Zahn auch besuchen. Deine Zahnfee.“

Liebevoll drückte Lisas Mutter ihre Tochter an sich. „Siehst du, mein Schatz? Zähneputzen bringt doch etwas“, sagte sie und strich Lisa zärtlich durchs Haar. Lisa nickte glücklich. Dann rannte sie in ihr Zimmer und steckte die Münze der Zahnfee in ihr Sparschwein. Sie nahm sich ganz fest vor, dass sie noch viel mehr Münzen für ihr Sparschwein sammeln würde.

„Es lohnt sich,
auf die Gesundheit und
den Körper zu achten!“

Elsas Schutzengel

Im Kindergarten hatte die Erzieherin von den Schutzengeln erzählt. Die Kinder hatten gespannt zugehört und nun redeten alle aufgeregt durcheinander. „Es gibt gar keine Schutzengel!“, rief Lukas. „Ich bin letzte Woche hingefallen und hatte blutige Knie. Da hat mir kein Engel geholfen.“

Sofort stimmte ihm Marius zu: „Ja, und ich habe mein Taschengeld verloren. Das hat mir auch kein Engel zurückgebracht!“

Die Erzieherin lachte und erklärte ihnen, dass die Schutzengel viel zu tun hätten, wenn sie sich um solche Kleinigkeiten kümmern müssten. „Euer Schutzengel behütet euch vor wirklich schlimmen Dingen“, sagte sie. „Aber man muss selbst auch aufpassen, dass nichts passiert. Jeder trägt die Verantwortung für sich und der Schutzengel hilft euch, indem er euch stark macht.“

Als Elsa am Nachmittag zu Hause im Garten spielte, musste sie immerzu an den Schutzengel denken. Sie fragte sich, ob sie wirklich einen Schutzengel hatte und wo er gerade sei.

Dann sah sie überall nach, im Gebüsch, im Gartenhaus, hinter den Mülltonnen, aber sie konnte ihn nirgends finden.

„Mama, hab’ ich auch einen Schutzengel?“, fragte Elsa beim Zubettgehen. „Natürlich, mein Schatz“, antwortete Mama, „er wacht Tag und Nacht über dich. Auch wenn du ihn nicht sehen kannst, ist er immer in deiner Nähe.“

Da schlief Elsa beruhigt ein. Sie schlief so tief und fest, dass sie nicht bemerkte, wie ein Engel über dem Haus schwebte. Er wachte die ganze Nacht über Elsa, während er auf seiner Harfe ganz leise eine Gute-Nacht-Melodie spielte.

„Manche Dinge sind da,
auch wenn man sie
nicht sehen kann."

Der Traum der kleinen Eule

Die kleine Eule saß hoch oben im Baum und schaute traurig auf das Dorf hinunter. Die Sonne ging auf und der Tag begann. Aber für die kleine Eule war er bereits zu Ende: Sie war während der Nacht auf Futtersuche gewesen und nun war sie müde und musste schlafen gehen. Denn Eulen sind wach in der Nacht und schlafen am Tag. Aber die kleine Eule hatte einen großen Wunsch: Wie gerne würde sie einmal mit den Dorfkindern spielen! Aber das ging ja nicht, denn Mama Eule hatte ihr erklärt, dass es bei den Menschen genau umgekehrt ist: Sie schlafen in der Nacht und sind während des Tages wach.

Die kleine Eule ging in ihre Baumhöhle, aber gerade als sie einschlafen wollte, hörte sie eine Stimme. „Hallo, ist da jemand?", rief es von unten. Neugierig spähte die kleine Eule aus ihrer Höhle. Unten standen zwei Kinder und als sie die Eule erblickten, riefen sie: „Komm und spiel mit uns!" Aufgeregt flatterte die kleine Eule hinunter. „Müsst ihr denn nicht in die Schule?", fragte sie.

„Wir haben doch Ferien", lachten die Kinder. „Und wir wollten schon immer mal eine Eule kennenlernen!" Glücklich flatterte die Eule mit den beiden Kindern quer durch den Wald.

Sie spielten Fangen, Verstecken und hatten viel Spaß zusammen. Am besten gefielen der kleinen Eule die glänzenden Murmeln der Kinder. Doch nach einer Weile wurde die Eule so müde, dass sie kaum noch fliegen konnte. Sie musste unbedingt schlafen, denn schließlich war sie die ganze Nacht auf der Jagd gewesen. „Kommt mich bald mal wieder besuchen", sagte sie zum Abschied und die Kinder versprachen es ihr.

Als die Eule am Abend aufwachte, rieb sie sich müde die Augen. War ihr Wunsch in Erfüllung gegangen? Von den Kindern war nichts mehr zu sehen und die kleine Eule dachte: „Bestimmt habe ich nur geträumt! Aber es war ein sehr schöner Traum!" Sie flog aus ihrer Höhle, um wie jede Nacht auf die Jagd zu gehen – und sah nicht die kleine Murmel, die unten auf der Wiese lag …

„Jeder braucht Freunde, mit denen er spielen und lachen kann."

Der Wettlauf

Am letzten Tag vor den Ferien fand im Kindergarten ein großes Sportfest statt. Darauf freuten sich die Kinder immer ganz besonders, denn es gab Sackhüpfen, Seilspringen, Turnen und einen Wettlauf. Natürlich gab es auch leckere selbstgemachte Limonade und köstlichen Kuchen.

Dieses Mal war ein Pferderennen geplant. Die Kinder hatten während der letzten Wochen Steckenpferde gebastelt, mit denen sie mehrere Runden drehen sollten. Wer zuerst im Ziel war, bekam eine Urkunde. „Ich kann nicht rennen", sagte Paulina leise, „ich habe eine Blase auf der Fußsohle. Das tut so weh beim Laufen." Sie war den Tränen nahe, denn sie hatte sich so auf das Rennen gefreut. Die anderen Kinder waren ratlos. Sie hätten Paulina gerne geholfen, wussten aber nicht wie.

Da hatte Paulinas Freundin Anna eine Idee: „Wir haben doch vom letzten Jahr noch das Schneckenhaus. Wenn du eine Schnecke bist, kannst du kriechen und musst nicht laufen."

Paulina verzog das Gesicht: „Na toll, dann bin ich ja die Langsamste!" Aber dann wollte sie doch mitmachen, denn langsam zu sein war immer noch besser als zuzuschauen.

Als der Startschuss fiel, rannten die Kinder los. Sie hatten bereits eine Runde hinter sich, da war Paulina erst wenige Meter vorangekommen. Aber sie kroch in ihrem Schneckentempo immer weiter und weiter. Und dann geschah etwas Seltsames: Gerade als Paulina durchs Ziel kroch, erreichte auch der erste Reiter auf einem Steckenpferd das Ziel! Wie konnte das sein? Die „Schnecke" Paulina war doch viel langsamer als das „Pferd"?

Lennart, der Schiedsrichter, hatte die Erklärung: Die anderen waren ja mehrere Runden gerannt. In dieser Zeit war Paulina eine Runde gekrochen. Und genau dann war das Schild „Ziel" aufgestellt worden. Lennart entschied, dass auch Paulina eine Urkunde verdient hatte – als schnellste Schnecke!

„Auch wenn du langsamer bist
als andere, kannst du
dein Ziel erreichen."

Die Schlangenbeschwörung

„Nächste Woche machen wir einen Ausflug in den Reptilienzoo“, kündigte der Lehrer an. Julian erschrak. Reptilien, das waren doch vor allem Schlangen. Und Julian hatte große Angst vor diesen Kriechtieren. Wenn er nur eine Schlange im Buch sah, wurde ihm schon richtig übel.

Einmal hatte er beim Spazierengehen mit seinen Eltern eine Blindschleiche gesehen. „Die ist ganz harmlos“, hatte Papa gesagt, aber Julian war laut schreiend davon gelaufen.

In der Pause erzählte Julian seinem Freund Finn von seinem Problem. Finn dachte kurz nach, dann sagte er: „Ich hab's: Wir machen eine Schlangenbeschwörung!“ Julian sah ihn verständnislos an, aber Finn meinte nur: „Wart's ab. Wir treffen uns heute Nachmittag bei mir zu Hause.“

Als Julian bei Finn ankam, waren noch andere Kinder aus seiner Klasse da. Das war ihm etwas peinlich, es mussten schließlich nicht alle von seiner Angst erfahren. Aber Finn rief: „Es geht los!“ Er hatte Handpuppen in Schlangenform bereitgelegt, die sich alle überzogen.

Dann tanzten die Kinder im Kreis herum und sangen das Schlangenlied: „Es klapperten die Klapperschlangen, jum heidi, heida, bis ihre Klappern schlapper klangen, jum heidi, heida.“ Dabei öffneten und schlossen sie das Schlangenmaul mit den Fingern. Das machte großen Spaß und Julian vergaß völlig, was er da über die Hand gezogen hatte. Er fand sogar, dass die Schlangen recht lustig aussahen, wie sie mit ihren langen Zungen zischten.

Aber das Beste war, dass sich niemand über ihn lustig machte. Im Gegenteil: Die anderen Kinder erzählten ihm, sie fänden Schlangen zwar spannend, aber auch ein bisschen gruselig.

Julian wusste jetzt, dass er mit seiner Angst nicht alleine war. Sie würden alle gemeinsam in den Zoo gehen und sich die Schlangen ansehen. Denn zusammen hat man viel weniger Angst!

„Wenn man zusammenhält,
wird alles gleich viel leichter."

Der Drache Dagobert

Dagobert war ein schöner grüner Drache, der seit mindestens 100 Jahren in einer Höhle in den Blauen Bergen wohnte. Eigentlich hatte er allen Grund, zufrieden zu sein: Seine Höhle war groß genug für ihn und wenn ihm kalt war, musste er nur ein wenig Feuer spucken und schon wurde es kuschelig warm. Auch fand er in den Bergen immer genügend Nahrung.

Er hatte allerdings keinen Freund. Die anderen Tiere hielten sich von ihm fern, denn sie hatten große Angst vor dem Feuer, das er beim Reden spuckte. Und andere Drachen gab es nicht, er war weit und breit der einzige Drache. Seine Eltern waren schon lange tot und Geschwister hatte er nicht. Vor langer, langer Zeit wohnte er mit seinen Eltern in einem anderen Land. Dann beschloss der dortige König, dass alle Drachen getötet werden sollten. Dagobert konnte fliehen, aber allen anderen Drachen war es nicht gelungen, sich rechtzeitig in Sicherheit zu bringen.

Eines Tages saß Dagobert wieder einmal einsam vor seiner Höhle, als er plötzlich ein seltsames Geräusch hörte. Es kam immer näher und näher. Auf einmal sah er einen kleinen Jungen, der hilflos umherirrte und weinte. Als der Junge den Drachen sah, erschrak er sehr, aber er blieb stehen und lief nicht davon, wie es sonst die Menschen taten, denen Dagobert begegnete.

„Warum weinst du denn?", fragte Dagobert. Dabei versuchte er, möglichst wenig Feuer zu spucken. Der Junge sprang etwas zur Seite, um dem Feuer auszuweichen. Dann sagte er: „Ich habe mich verirrt und finde den Weg nach Hause nicht mehr." Dagobert sagte freundlich: „Das ist doch nicht schlimm. Bleib einfach bei mir, meine Höhle ist groß genug für zwei!"

Der Junge antwortete: „Danke, aber ich möchte doch lieber nach Hause. Kannst du mir helfen?" Dagobert dachte nach. Eigentlich wollte er, dass der Junge bei ihm blieb. Aber dann fing der Kleine wieder an zu weinen. Da er ein weiches Herz hatte, bekam er Mitleid mit ihm und beschloss, ihm zu helfen. „Ich könnte dich nach Hause bringen, indem ich mit dir ins Tal fliege", schlug er vor. Der Junge sah ihn erschrocken an. Auf einem Drachen war er noch nie geflogen. Aber dann überwand er seine Angst und sagte: „Gut, aber du musst mir versprechen, dass du unterwegs kein Feuer spuckst!"

Dagobert war einverstanden und bückte sich, damit der Junge auf seinen Rücken klettern konnte. Dann rief er: „Festhalten – es geht los!" Und schon flog er mit ihm hinunter ins Tal. Glücklich kletterte der Junge vom Rücken des Drachen. „Vielen Dank! Vielleicht kann ich dir auch einmal einen Gefallen tun …"

„Freundschaft ist überall möglich, auch wenn man ganz verschieden ist.“

Ein wenig schüchtern sagte Dagobert: „Ja, das könntest du. Wie wäre es, wenn du mich ab und zu besuchen würdest? Ich bin so schrecklich einsam in den Bergen da oben.“ Der Junge versprach, seinen neuen Freund gleich nächste Woche zu besuchen – und Dagobert versprach, ihn dann wieder nach Hause zu bringen!

Der mutige, kleine Schäfer

Moritz, der Sohn des Schäfers, liebte Schafe über alles. Am liebsten wäre er jeden Tag mit seinem Vater zum Schafehüten gegangen. Aber der Schäfer meinte, Moritz müsse erst einmal in die Schule gehen und Rechnen und Schreiben lernen. „So ein Quatsch!“, schimpfte Moritz. „Ich kenne mich mit Schafen aus, das reicht doch!“ Aber sein Vater bestand darauf: Erst die Schule, dann das Schafehüten.

Eines Tages wurde der Schäfer krank. Er hustete fürchterlich und hatte sogar Fieber. „Wie soll ich denn nun meine Schafe hüten?“, sorgte er sich. Moritz wusste sofort: Das war seine Chance! Schnell sagte er: „Ich kann das doch tun, Papa. Ruh dich nur aus und mach dir keine Sorgen.“

Dem Schäfer blieb nichts anderes übrig, als einzuwilligen. Es gab sonst niemanden, der sich mit seinen Schafen auskannte. Fröhlich pfeifend ging Moritz mit der Schafherde auf die Weide. Die Schafe hörten auf Moritz, denn sie kannten ihn und wussten, dass er freundlich zu ihnen war. Moritz suchte sich ein schönes Plätzchen und aß das Brot, das seine Mutter ihm mitgegeben hatte.

Plötzlich hörte er ein lautes Bellen. Ein großer Hund lief direkt auf die Schafherde zu. Moritz sah, dass der Hund zwei Hasen jagte. Schnell sprang er auf, nahm seinen langen Stock und rannte dem Hund entgegen. Als der Hund ihn sah, blieb er verdutzt stehen. Diese kurze Pause nutzten die Hasen und versteckten sich unter einem alten Baumstamm.

„Verschwinde und lass dich hier nicht mehr blicken!“, rief Moritz dem Hund zu. Der knurrte noch ein bisschen, aber dann drehte er um und lief davon. Das war nochmal gutgegangen! Wenn Moritz ihn nicht verjagt hätte, wäre der fremde Hund nicht nur für die Hasen eine Gefahr gewesen, er hätte auch die Schafe angreifen können.

Moritz war ein bisschen stolz auf sich und nahm sich vor, seinem Vater davon zu erzählen. Schließlich hatte er gerade bewiesen, dass er auf die Schafe aufpassen konnte. Sogar die Hasen fühlten sich jetzt bei ihm sicher. Vielleicht würde er dann öfter die Schafe hüten dürfen!

„Wer in seine Fähigkeiten vertraut, kann auch Großes vollbringen.“

Freddy Fuchs und Gisela Gans

In einem schönen Wald neben dem Wiesental lebte Freddy Fuchs mit seiner Familie. Er war der Jüngste von vier Geschwistern und auch der Neugierigste. Mama und Papa Fuchs hatten seinen Geschwistern schon alles, was ein Fuchs wissen musste, beigebracht. Dazu gehörte auch, Gänse zu stehlen – denn Füchse lieben nun mal Gänse. Jetzt war Freddy an der Reihe. Er hatte sich schon lange darauf gefreut, endlich zu dem großen Bauernhof am Waldrand gehen zu dürfen. „Aber nimm dich vor dem Bauern in Acht“, sagte Mama Fuchs. „Wenn er dich erwischt, schießt er auf dich mit seiner langen Flinte!“

Leise und ganz vorsichtig schlich Freddy sich an den Gänsestall heran. Die Tür war offen, aber er traute sich nicht, hineinzugehen. Da kam plötzlich eine schöne, weiße Gans herausgewatschelt. Freddy nutzte die Gelegenheit, sprang auf die Gans zu, stopfte sie in den Sack, den er mitgebracht hatte, und rannte davon. Die Gans war so überrascht, dass sie kein Wort herausbrachte. Gut für Freddy, denn so bemerkte der Bauer den Diebstahl nicht.

Freddy war schon ein Stück gerannt, als die Gans auf einmal leise sagte: „Ich heiße Gisela. Und du?“ Freddy war verwirrt, denn er hatte nicht damit gerechnet, dass die Gans mit ihm reden würde. Und da er ein höflicher Fuchs war, antwortete er: „Ich heiße Freddy.“

Gisela redete weiter auf ihn ein: „Was für ein schöner Name! Ich hatte mal einen Freund, der Freddy hieß.“ Sie seufzte und fuhr fort: „Aber er ist leider nicht mehr da!“ Jetzt wurde Freddy neugierig und er fragte: „Wieso? Wo ist er denn?“

Da erzählte Gisela ihm die ganze Geschichte: Dass Freddy ihr bester Freund gewesen ist, dass er aber sehr neugierig war und sich deshalb zu weit vom Gänsestall entfernt hatte. Eines Tages war er nicht mehr zurückgekommen. Seitdem ging Gisela jeden Tag vor die Tür und hielt Ausschau nach ihrem Freund.

Freddy hatte ein weiches Herz und da er Gisela sehr nett fand, sagte er zu ihr: „Wie wäre es, wenn wir Freunde werden? Vielleicht vermisst du deinen Freund dann nicht mehr ganz so sehr.“ Gisela war sofort einverstanden und sie beschlossen, sich von nun an jeden Nachmittag zu treffen. Doch dann gab sie zu bedenken: „Und was, wenn du es dir überlegst und mich doch fressen willst?“ Freddy lachte: „Ich fresse doch nicht meine Freunde! Und außerdem: Eigentlich mag ich gar keinen Gänsebraten!“

„Wer sein Herz öffnet,
kann auch mit einem Feind
Freundschaft schließen.“

Genehmigte Lizenzausgabe
EDITION XXL GmbH
Industriestraße 19
64407 Fränkisch-Crumbach 2024
www.edition-xxl.de

Layout, Satz und Umschlaggestaltung:
design cat GmbH

ISBN 978-3-89736-437-0

Druck und Bindung in der EU
POLYGRAF PRINT spol. s r. o.
Čapajevova 44
08001 Prešov, Slowakei
www.polygrafprint.sk